Impressum
Verlag: BABADADA GmbH, Nedderfeld 112 , 22529 Hamburg
Geschäftsführer / Verlagsleitung: Harald Hof
Druck: Books on Demand GmbH, In de Tarpen 42, 22848 Norderstedt

Imprint
Publisher: BABADADA GmbH, Nedderfeld 112 , 22529 Hamburg, Germany
Managing Director / Publishing direction: Harald Hof
Print: Books on Demand GmbH, In de Tarpen 42, 22848 Norderstedt, Germany

School
Szkoła

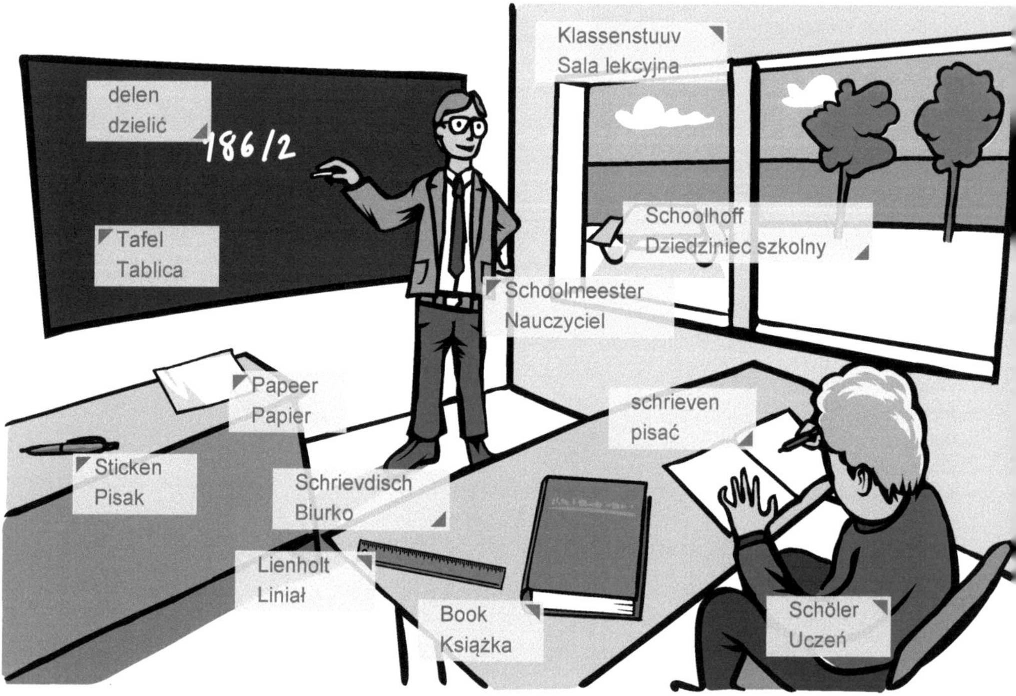

Klassenstuuv
Sala lekcyjna
delen
dzielić
186/2
Tafel
Tablica
Schoolhoff
Dziedziniec szkolny
Schoolmeester
Nauczyciel
Papeer
Papier
schrieven
pisać
Sticken
Pisak
Schrievdisch
Biurko
Lienholt
Liniał
Book
Książka
Schöler
Uczeń

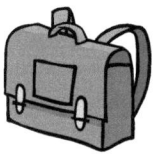

Ranzel

Plecak szkolny

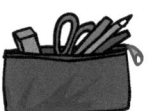

Feddermapp

Piórnik

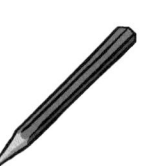

Bleesticken

Ołówek

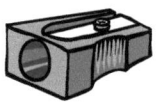

Scharpmaker

Temperówka

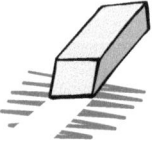

Radeergummi

Gumka do mazania

Tekenblock

Blok rysunkowy

Teken

Rysunek

Pinsel

Pędzel

Malkassen

Pudełko z akwarelami

Scheer

Nożyce

Klever

Klej

Heft to'n Öven

Książka do ćwiczenia

Huusopgaav

Zadanie domowe

Tall

Liczba

tohooptellen

dodawać

aftrecken

odejmować

malnehmen

mnożyć

reken

liczyć

Bookstaav

Litera

ABC

Alfabet

Woort

Słowo

Text

Tekst

lesen

czytać

Kried

Kreda

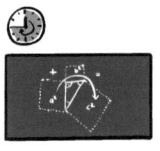

Stunn

Godzina

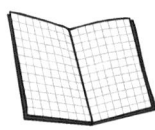

Klassenbook

Dziennik lekcyjny

Pröven

Egzamin

Tüügnis

Świadectwo

Schooluniform

Mundurek szkolny

Utbillen

Wykształcenie

Nakieksel

Leksykon

Universität

Uniwersytet

Mikroskop

Mikroskop

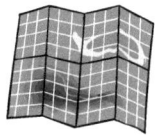

Koort

Mapa

Papeerkorf

Kosz na odpadki

Törn
Podróż

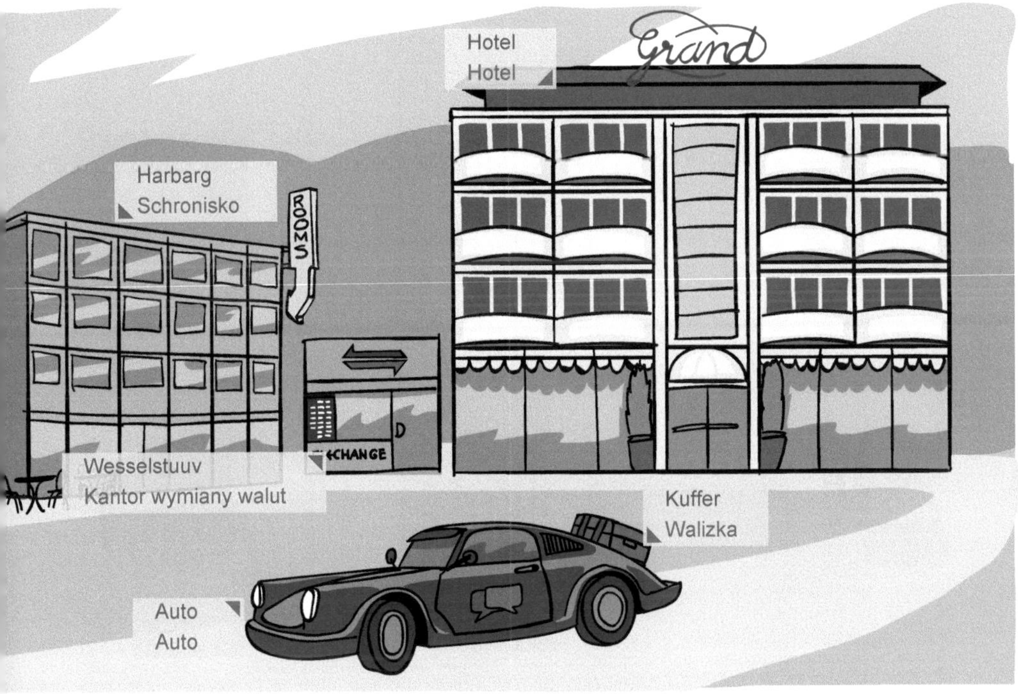
Hotel
Hotel
Grand
Harbarg
Schronisko
ROOMS
Wesselstuuv
Kantor wymiany walut
EXCHANGE
Kuffer
Walizka
Auto
Auto

Spraak
Język

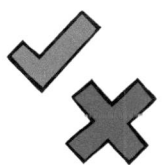

jo / ne
tak / nie

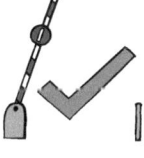

Jo
OK

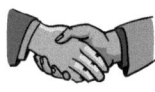

Moin
Halo

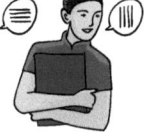

Översetter
Tłumacz

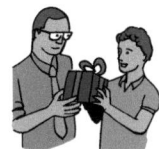

Dank ok
Dziękuję

Wat kost...?

Ile kosztuje ...?

Ik verstah nich

Nie rozumiem

Problem

Problem

Goden Avend

Dobry wieczór!

Moin!

Dzień dobry!

Gode Nacht!

Dobranoc!

Tschüüs

Do widzenia

Richt

Kierunek

Bagaasch

Bagaż

Tasch

Torba

Rüchsack

Plecak

Gast

Gość

Stuuv

Pokój

Slaapsack

Śpiwór

Telt

Namiot

Touristeninformatschoon

Informacja turystyczna

Strand

Plaża

Kreditkoort

Karta kredytowa

Fröhstück

Śniadanie

Meddageten

Obiad

Avendeten

Kolacja

Fohrkort

Bilet

Fohrstohl

Winda

Breefmark

Znaczek na list

Grenz

Granica

Toll

Cło

Bottschop

Ambasada

Visum

Wiza

Pass

Paszport

Transport
Transport

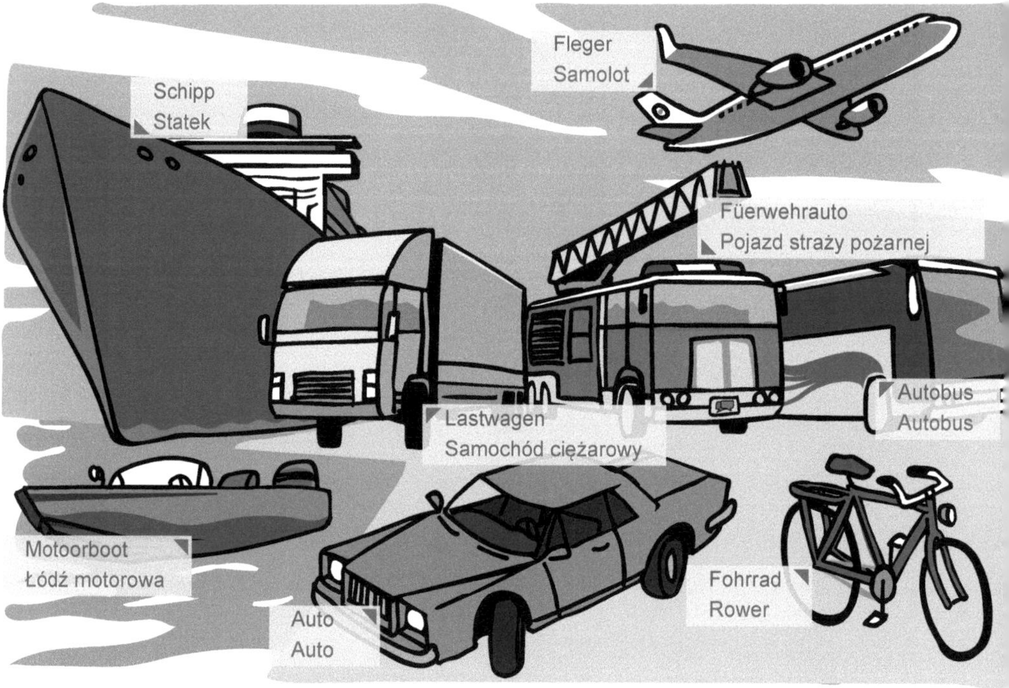

Fleger
Samolot
Schipp
Statek
Füerwehrauto
Pojazd straży pożarnej
Autobus
Autobus
Lastwagen
Samochód ciężarowy
Motoorboot
Łódź motorowa
Fohrrad
Rower
Auto
Auto

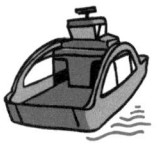

Fähr

Prom

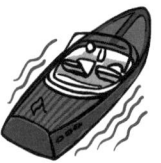

Boot

Łódź

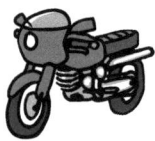

Motoorrad

Motocykl

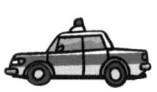

Polizeiauto

Radiowóz policyjny

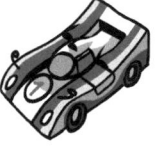

Rönnauto

Samochód wyścigowy

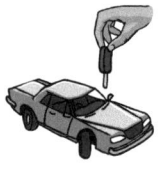

Lehnwagen

Samochód wypożyczony

Carsharing

Wspólne przejazdy
samochodem

Afsleepwagen

Samochód pomocy
drogowej

Müllauto

Śmieciarka

Motoor

Silnik

Kraftstoff

Benzyna

Tanksteed

Stacja benzynowa

Verkehrsschild

Znak drogowy

Verkehr

Ruch

Stau

Korek

Afstellplatz

Parking

Bahnhoff

Dworzec

Sporen

Szyny

Tog

Pociąg

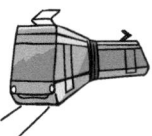

Stratenbahn

Tramwaj

Wagon

Wagon

Dwarsmöhl

Helikopter

Flooghaven

Lotnisko

Tower

Wieża

Fohrgast

Pasażer

Grootkist

Kontener

Karton

Karton

Koor

Taczka

Korf

Kosz

starten / lannen

startować / lądować

Stadt

Miasto

Dörp

Wieś

Binnenstadt

Centrum miasta

Huus

Dom

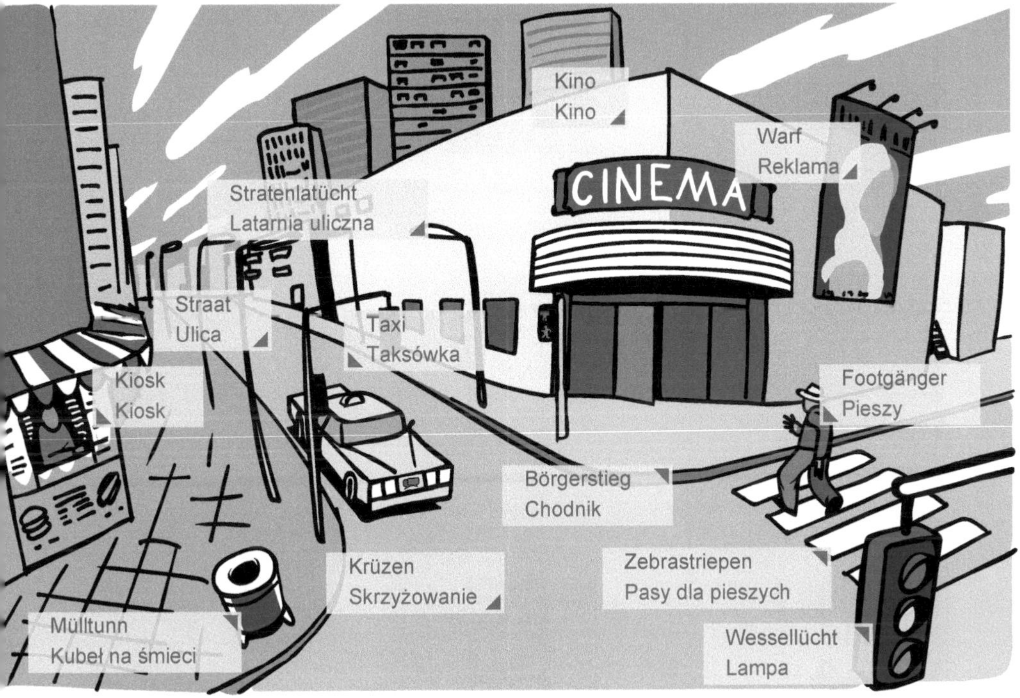

Kino
Kino

Warf
Reklama

CINEMA

Stratenlatücht
Latarnia uliczna

Straat
Ulica

Taxi
Taksówka

Footgänger
Pieszy

Kiosk
Kiosk

Börgerstieg
Chodnik

Krüzen
Skrzyżowanie

Zebrastriepen
Pasy dla pieszych

Mülltunn
Kubeł na śmieci

Wessellücht
Lampa

Hütt
....
Chata

Wahnung
....
Mieszkanie

Bahnhoff
....
Dworzec

Raathuus
....
Ratusz

Museum
....
Muzeum

School
....
Szkoła

Universität

Uniwersytet

Bank

Bank

Krankenhuus

Szpital

Hotel

Hotel

Afteek

Apteka

Büro

Biuro

Bookhökerie

Księgarnia

Hökerie

Sklep

Blomenhökerie

Kwiaciarnia

Supermarkt

Supermarket

Markt

Rynek

Koophuus

Dom towarowy

Fischhökerie

Sklep z rybami

Inkoopszentrum

Centrum handlowe

Haven

Port

Parkanlaag

Park

Bank

Ławka

Brüch

Most

Trepp

Schody

Ünnergrundbahn

Metro

Tunnel

Tunel

Busstoppsteed

Przystanek autobusowy

Bar

Bar

Spieslokal

Restauracja

Breefkassen

Skrzynka na listy

Stratenschild

Tabliczka z nazwą ulicy

Parkklock

Parkometr

Deertenpark

Zoo

Baadanstalt

Łaźnia

Moschee

Meczet

Buernhoff

Gospodarstwo chłopskie

Ümweltversmudden

Zanieczyszczenie środowiska

Karkhoff

Cmentarz

Kark

Kościół

Speelplatz

Plac zabaw

Tempel

Świątynia

Landschop

Krajobraz

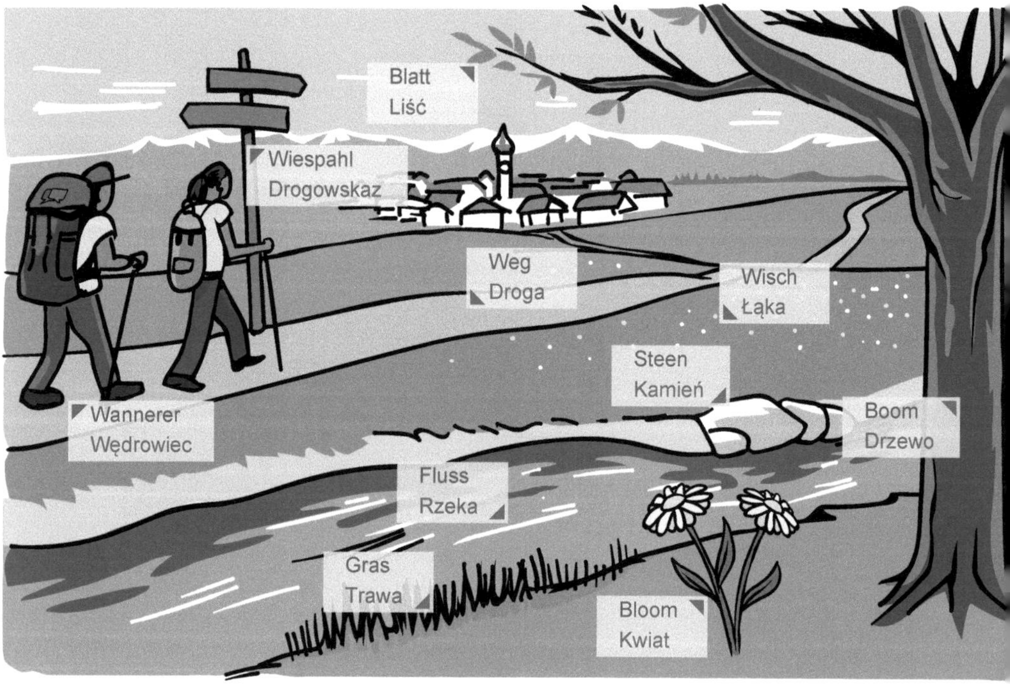

Blatt
Liść

Wiespahl
Drogowskaz

Weg
Droga

Wisch
Łąka

Steen
Kamień

Wannerer
Wędrowiec

Boom
Drzewo

Fluss
Rzeka

Gras
Trawa

Bloom
Kwiat

Daal

Dolina

Barg

Góra

See

Jezioro

Holt

Las

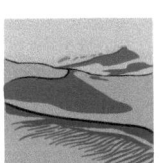

Wööst

Pustynia

Füerspien Barg

Wulkan

Slott

Zamek

Regenbagen

Tęcza

Poggenstohl

Grzyb

Palm

Palma

Steekmück

Komar

Fleeg

Mucha

Miegeemk

Mrówka

Imm

Pszczoła

Spinn

Pająk

Sebber

Chrząszcz

Pogg

Żaba

Katteker

Wiewiórka

Swienegel

Jeż

Haas

Zając

Uul

Sowa

Vagel

Ptak

Swaan

Łabędź

Wildswien

Dzik

Hirsch

Jeleń

Elk

Łoś

Staudamm

Tama

Windrad

Wiatrak

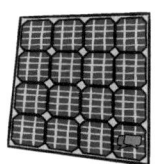

Solarmodul

Moduł solarny

Klima

Klimat

Spieslokal
Restauracja

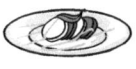

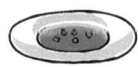

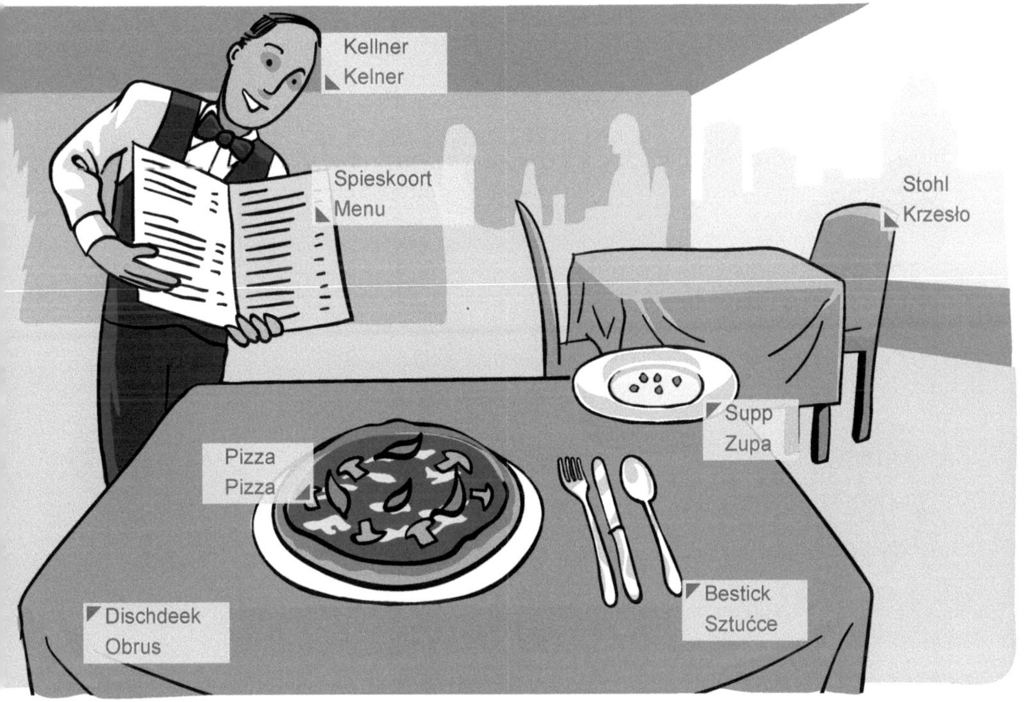

Kellner
Kelner
Spieskoort
Menu
Stohl
Krzesło
Supp
Zupa
Pizza
Pizza
Bestick
Sztućce
Dischdeek
Obrus

Vörspies

Przystawka

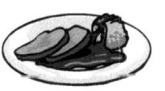

Haupteten

Danie główne

Nadisch

Deser

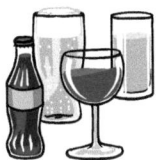

Drünk

Napoje

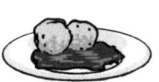

Eten

Jedzenie

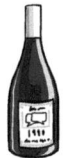

Buddel

Butelka

Fastfood

Fastfood

Strateneten

Streetfood

Teekann

Dzbanek na herbatę

Zuckerdoos

Cukierniczka

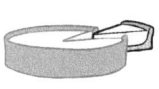

Portschoon

Porcja

Espressomaschien

Zaparzarka do espresso

Hoochstohl

Krzesło dla dziecka

Reken

Rachunek

Tablett

Taca

Mess

Noż

Gavel

Widelec

Lepel

Łyżka

Teelepel

Łyżeczka

Munddook

Serwetka

Glas

Szklanka

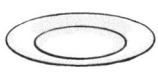

Töller
Talerz

Suppentöller
Talerz do zupy

Ünnertass
Podstawek pod filiżankę

Sooß
Sos

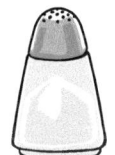

Soltstreuer
Solniczka

Pepermöhl
Młynek do pieprzu

Etig
Ocet

Ööl
Olej

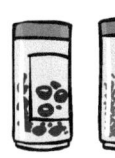

Krüder
Przyprawy

Ketchup
Keczup

Mostrich
Musztarda

Mayonnaise
Majonez

Supermarkt
Supermarket

Anbott
Oferta
Kunn
Klient
Melkprodukten
Produkty mleczne
Inkoopswagen
Wózek sklepowy
Aaft
Owoce
FOR

BUTCHERS

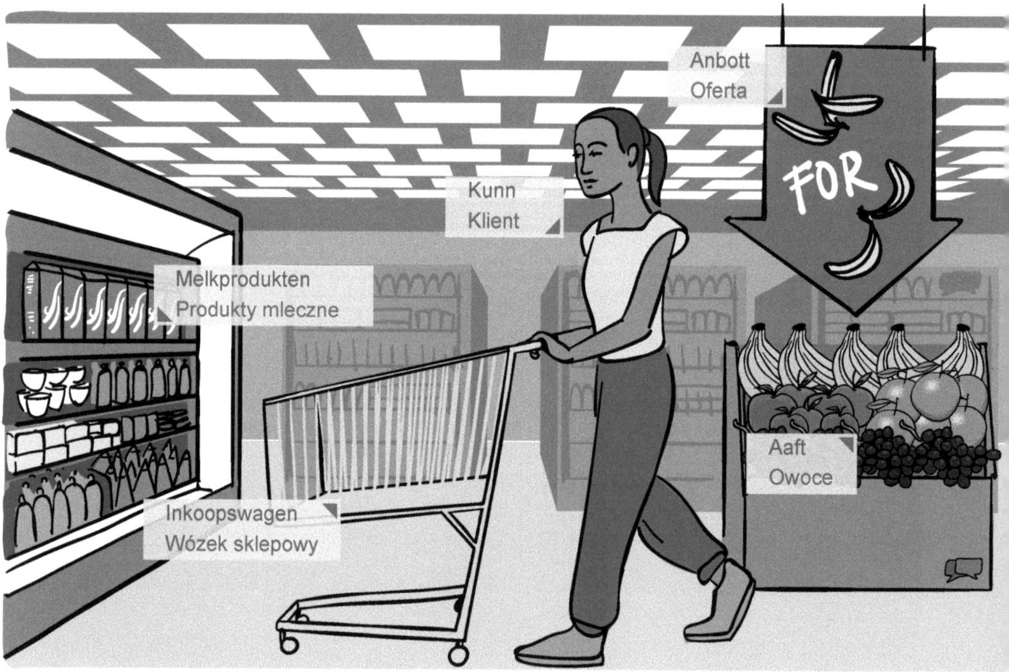

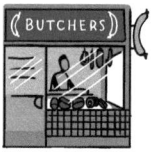

Slachterie

Rzeźnia

BAKERY

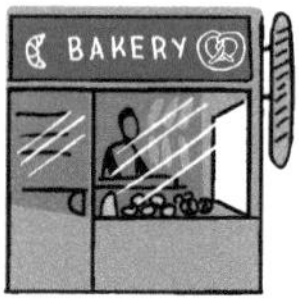

Bäckerie

Piekarnia

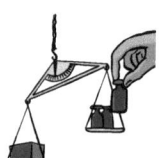

wegen

ważyć

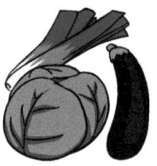

Gröönsaken

Warzywa

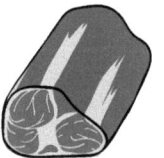

Fleesch

Mięso

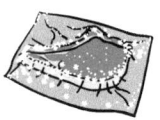

Deepköhlkost

Mrożonki

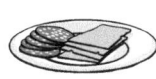

Opsnitt

Wędliny

Konserven

Konserwy

Waschmiddel

Proszek m do prania

Snoopkraam

Słodycze

Huushooltssaken

Artykuły użytku domowego

Reinmaaktüüch

Środek czyszczący

Verköpersche

Sprzedawczyni

Kass

Kasa

Kasserer

Kasjer

Inkoopslist

Lista zakupów

Opsparrtieden

Godziny otwarcia

Breeftasch

Portfel

Kreditkoort

Karta kredytowa

Tasch

Torba

Plastiktüüt

Torebka plastikowa

Drünk
Napoje

Water

Woda

Saft

Sok

Melk

Mleko

Cola

Cola

Wien

Wino

Beer

Piwo

Spriet

Alkohol

Kakao

Kakao

Tee

Herbata

Koffie

Kawa

Espresso

Espresso

Cappucino

Cappuccino

Banaan

Banan

Appel

Jabłko

Appelsien

Pomarańcza

Meloon

Arbuz

Zitroon

Cytryna

Wöttel

Marchew

Knuuvlook

Czosnek

Bambus

Bambus

Zibbel

Cebula

Poggenstohl

Grzyb

Nööt

Orzechy

Nudeln

Makaron

Spaghetti

Spaghetti

Ries

Ryż

Salat

Sałatka

Pommes frites

Frytki

Braadkantüffeln

Ziemniaki pieczone

Pizza

Pizza

Hamborger

Hamburger

Sandwich

Kanapka

Snitzel

Sznycel

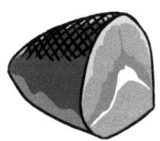

Schinken

Szynka

Salami

Salami

Wust

Kiełbasa

Hohn

Kura

Braden

Pieczeń

Fisch

Ryba

Haverflocken

Płatki owsiane

Müsli

Musli

Cornflakes

Płatki kukurydziane

Mehl

Mąka

Croissant

Croissant

Rundstück

Bułka

Broot

Chleb

Toast

Toast

Keksen

Ciastka

Botter

Masło

Quark

Twarożek

Koken

Ciasto

Ei

Jajko

Spegelei

Jajko sadzone

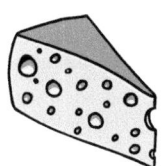

Kees

Ser

Ies
Lody

Zucker
Cukier

Honnig
Miód

Marmelaad
Marmolada

Nougat-Creme
Krem nugatowy

Curry
Curry

Buernhoff

Gospodarstwo chłopskie

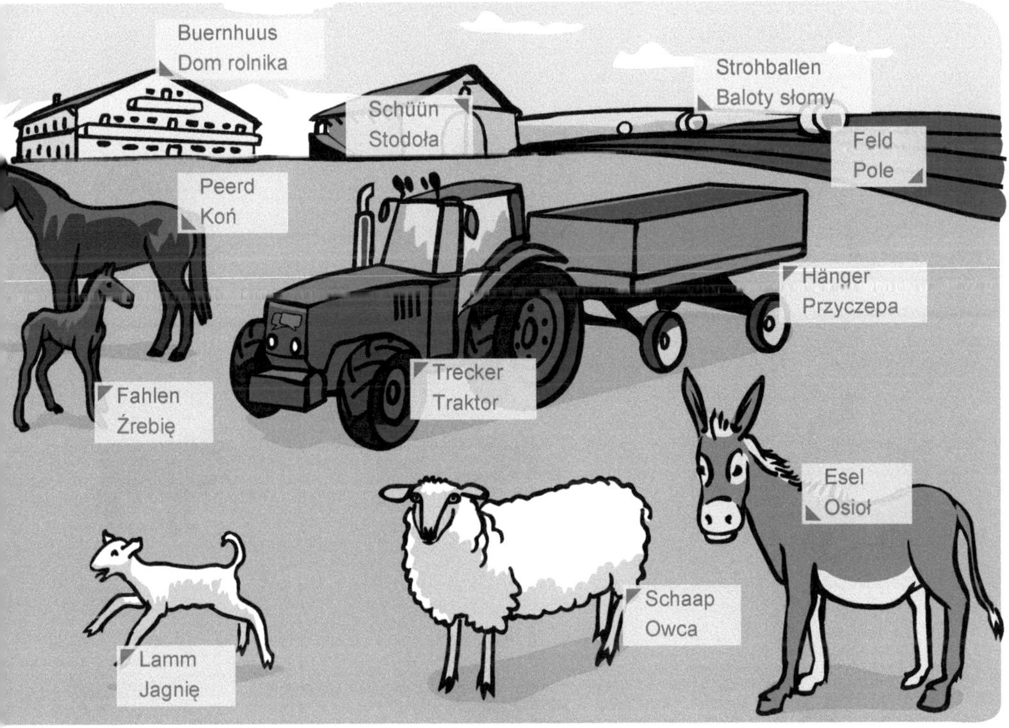
Buernhuus
Dom rolnika
Schüün
Stodoła
Strohballen
Baloty słomy
Feld
Pole
Peerd
Koń
Hänger
Przyczepa
Trecker
Traktor
Fahlen
Źrebię
Esel
Osioł
Schaap
Owca
Lamm
Jagnię

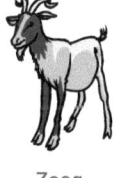

Zeeg

Koza

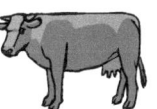

Koh

Krowa

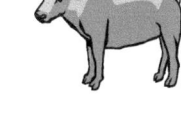

Kalf

Cielę

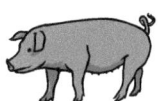

Swien

Świnia

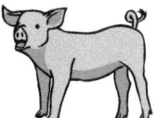

Farken

Prosię

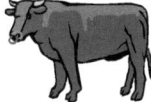

Bull

Byk

Goos

Gęś

Aant

Kaczka

Küken

Kurczątko

Hohn

Kura

Hahn

Kogut

Rott

Szczur

Katt

Kot

Muus

Mysz

Oss

Osioł

Hund

Pies

Hunnenhütt

Buda dla psa

Goornslauch

Wąż ogrodowy

Geetkann

Konewka

Lee

Kosa

Ploog

Pług

Sich

Sierp

Hack

Graca

Mestfork

Widły

Ext

Siekiera

Schuufkoor

Taczka

Trog

Koryto

Melkkann

Kanka na mleko

Sack

Worek

Tuun

Płot

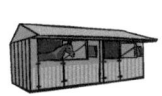

Stall

Stajnia

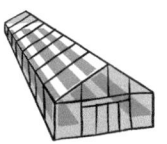

Drievhuus

Szklarnia

Bodden

Ziemia

Saat

Nasiona

Dünger

Nawóz

Meihdöscher

Kombajn zbożowy

oornen

zbierać

Oorn

Żniwa

Yamswöttel

Podchrzyn

Weten

Pszenica

Soja

Soja

Kantüffel

Ziemniak

Törksche Weten

Kukurydza

Rapp

Rzepak

Aaftboom

Drzewo owocowe

Troopsch Kantüffel

Maniok

Koorn

Zboże

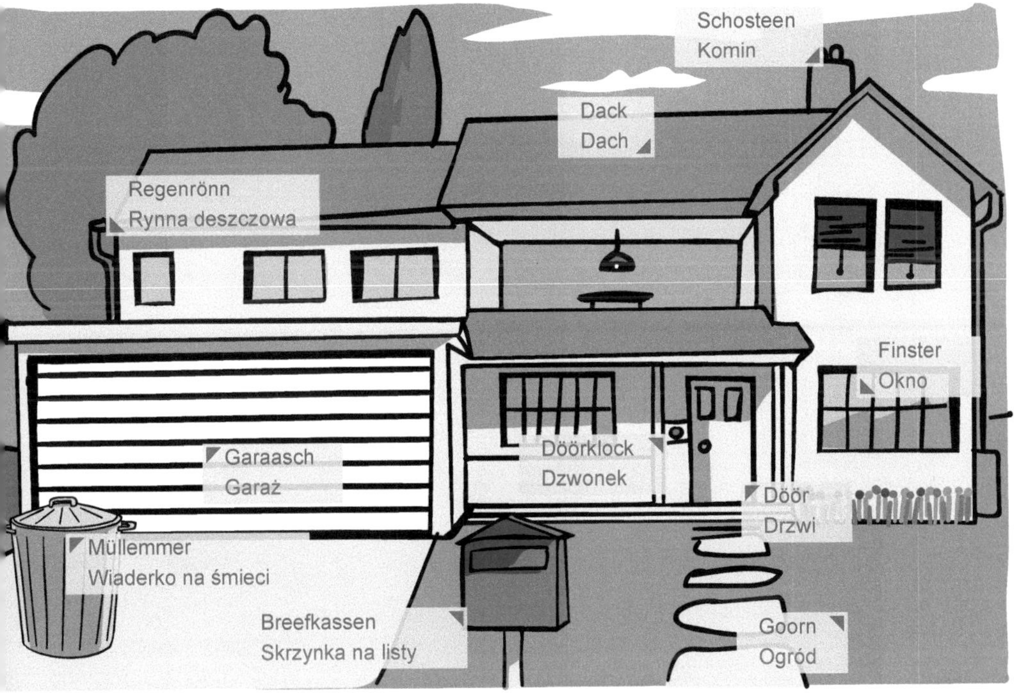

Schosteen
Komin

Dack
Dach

Regenrönn
Rynna deszczowa

Finster
Okno

Garaasch
Garaż

Döörklock
Dzwonek

Döör
Drzwi

Müllemmer
Wiaderko na śmieci

Breefkassen
Skrzynka na listy

Goorn
Ogród

Wahnstuuv

Pokój dzienny

Baadstuuv

Łazienka

Köök

Kuchnia

Slaapstuuv

Sypialnia

Kinnerstuuv

Pokój dziecięcy

Eetstuuv

Jadalnia

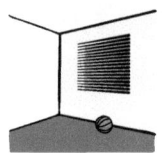

Footbodden

Ziemia

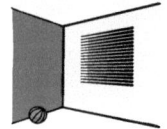

Wand

Ściana

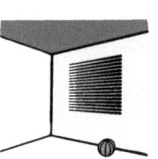

Deek

Koc

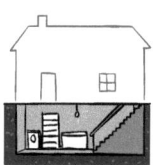

Keller

Piwnica

Hittluftbad

Sauna

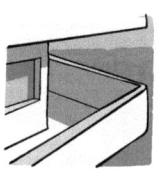

Balkon

Balkon

Terrass

Taras

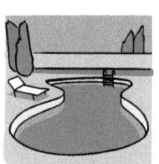

Swümmbad

Basen

Rasenmeiher

Kosiarka do trawy

Bettbetog

Poszwa

Bettdeek

Kołdra

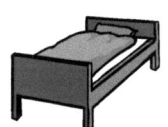

Puuch

Łóżko

Bessen

Miotła

Emmer

Wiadro

Schalter

Włącznik

Wahnstuuv
Pokój dzienny

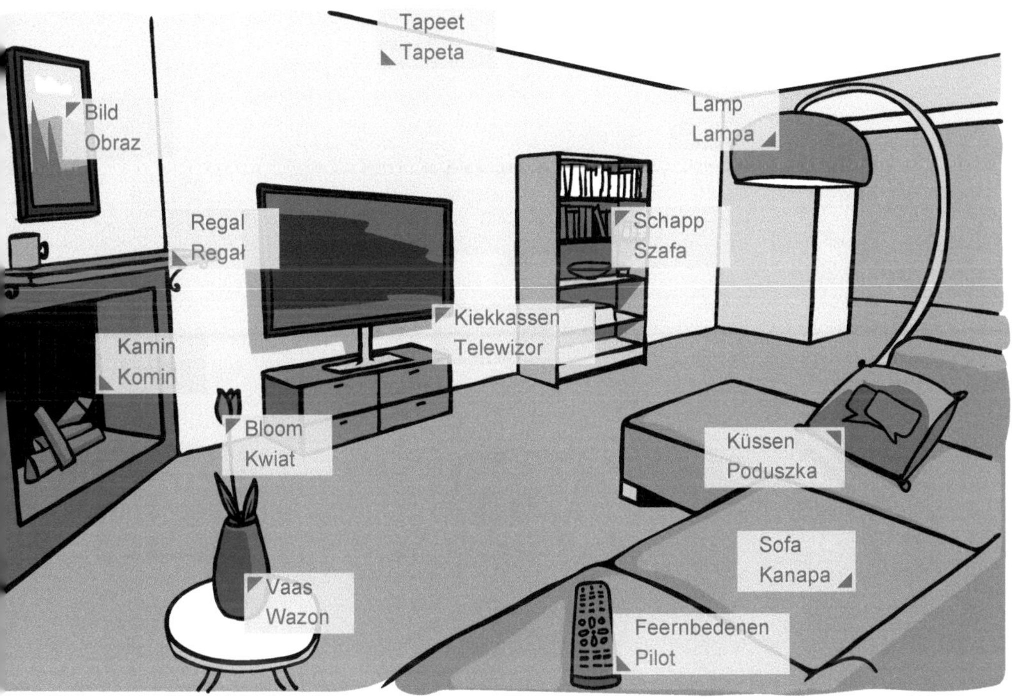
Tapeet
Tapeta
Bild
Obraz
Lamp
Lampa
Regal
Regał
Schapp
Szafa
Kiekkassen
Telewizor
Kamin
Komin
Bloom
Kwiat
Küssen
Poduszka
Sofa
Kanapa
Vaas
Wazon
Feernbedenen
Pilot

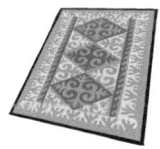

Teppich

Dywan

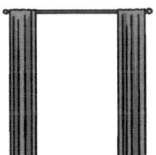

Vörhang

Zasłona

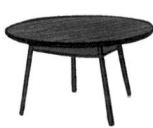

Disch

Stół

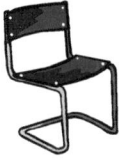

Stohl

Krzesło

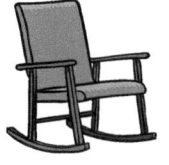

Schuckelstohl

Bujak

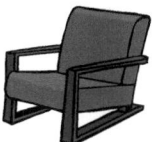

Sessel

Fotel

Book
Książka

Deek
Sufit

Dekoratschoon
Dekoracja

Füerholt
Drewno kominkowe

Film
Film

Stereoanlaag
Instalacja stereo

Slötel
Klucz

Narichtenblatt
Gazeta

Gemälde
Malunek

Poster
Plakat

Radio
Radio

Opschrievblock
Notatnik

Huulbessen
Odkurzacz

Kaktus
Kaktus

Kars
Świeczka

Köök
Kuchnia

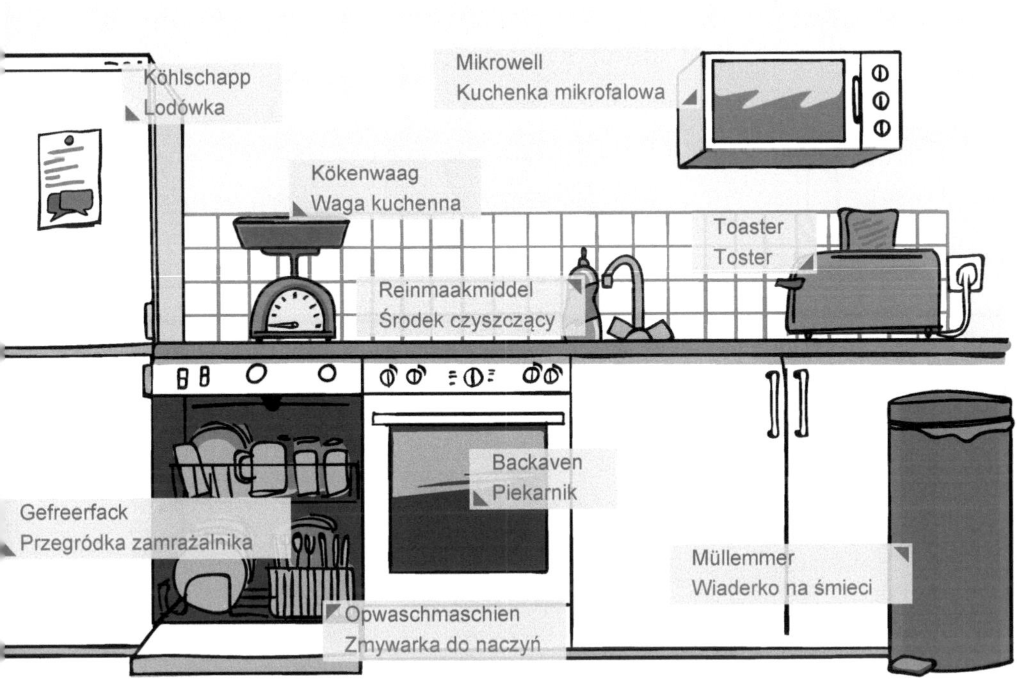
Köhlschapp
Lodówka
Mikrowell
Kuchenka mikrofalowa
Kökenwaag
Waga kuchenna
Toaster
Toster
Reinmaakmiddel
Środek czyszczący
Backaven
Piekarnik
Gefreerfack
Przegródka zamrażalnika
Müllemmer
Wiaderko na śmieci
Opwaschmaschien
Zmywarka do naczyń

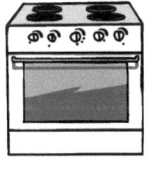

Heerd

Kuchenka

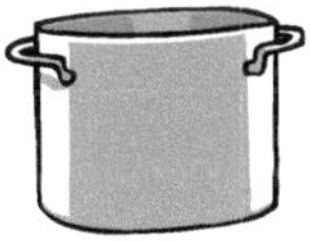

Pott

Garnek

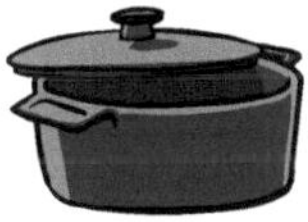

Gussiesern Putt

Kocioł żeliwny

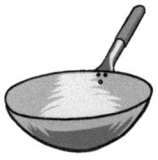

Wok / Kadai

Wok / Kadai

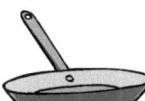

Pann

Patelnia

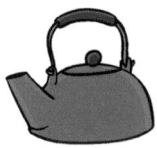

Waterkaker

Czajnik

Dampkaakputt

Parowar

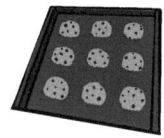

Backblick

Blacha do pieczenia

Geschirr

Naczynia kuchenne

Beker

Kubek

Schaal

Miska

Eetsticken

Pałeczki

Suppenkell

Nabierka

Pannenwenner

Łopatka do smażenia

Sneebessen

Trzepaczka do śmietany

Kaakseef

Cedzak

Seef

Sitko

Riev

Tarka

Mörser

Moździerz

Grill

Grillowanie

Füerstell

Palenisko

Sniedbrett

Deska

Nudelholt

Wałek do ciasta

Proppentrecker

Korkociąg

Doos

Puszka

Dosenaapner

Otwieracz do puszek

Pottlappen

Ściereczka do trzymania garnka

Waschbecken

Umywalka

Böst

Szczotka

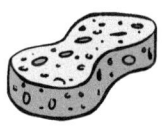

Swamm

Gąbka

Mixer

Mikser

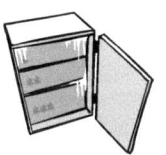

Iesschapp

Zamrażarka

Nuckelbuddel

Butelka dla niemowlęcia

Waterhahn

Kran

Baadstuuv
Łazienka

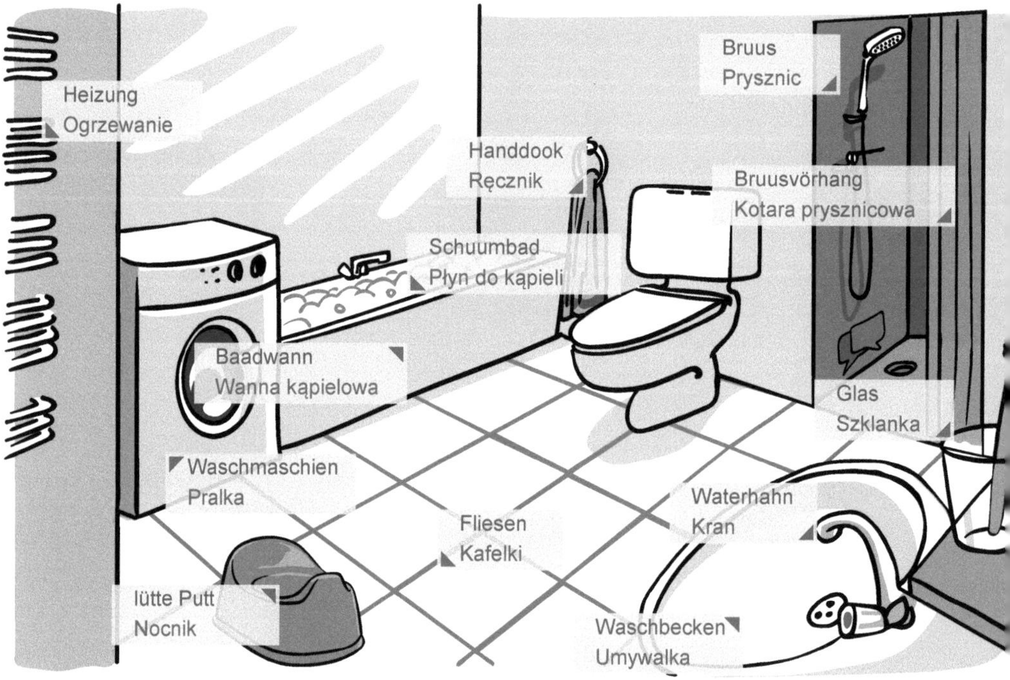
Heizung
Ogrzewanie
Bruus
Prysznic
Handdook
Ręcznik
Bruusvörhang
Kotara prysznicowa
Schuumbad
Płyn do kąpieli
Baadwann
Wanna kąpielowa
Glas
Szklanka
Waschmaschien
Pralka
Waterhahn
Kran
Fliesen
Kafelki
lütte Putt
Nocnik
Waschbecken
Umywalka

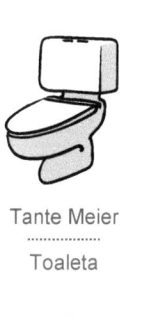

Tante Meier

Toaleta

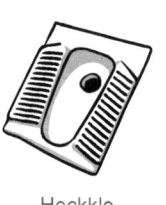

Hockklo

Toaleta kuczna

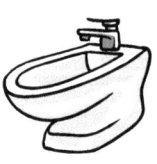

Bidet

Bidet

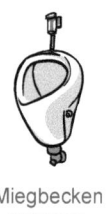

Miegbecken

Pisuar

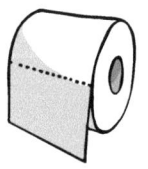

Klopapeer

Papier toaletowy

Klobörst

Szczotka toaletowa

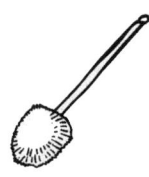

Tähnböst
Szczoteczka do zębów

Tähnpast
Pasta do zębów

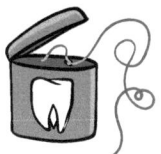

Tähnsied
Nitki do czyszczenia zębów

waschen
myć

Handbruus
Głowica prysznicowa

Intimbruus
Płyn kąpielowy do higieny intymnej

Waschschöttel
Miska do mycia

Rüchböst
Szczotka kąpielowa

Seep
Mydło

Bruusgeel
Żel prysznicowy

Hoorwaschmiddel
Szampon

Waschlappen
Rękawica kąpielowa

Afloop
Odpływ

Creme
Krem

Deodorant
Dezodorant

Spegel

Lustro

Kosmetikspegel

Lustro kosmetyczne

Raserer

Golarka

Raseerschuum

Pianka do golenia

Raseerwater

Woda po goleniu

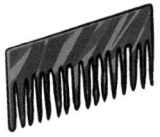

Kamm

Grzebień

Böst

Szczotka

Hoordröger

Suszarka do włosów

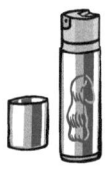

Hoorspray

Spray do włosów

Smink

Makijaż

Lippensticken

Pomadka

Nagellack

Lakier do paznokci

Watt

Wata

Nagelscheer

Nożyczki do paznokci

Rüükwater

Perfum

Kulturbüdel

Kosmetyczka

Schemel

Taboret

Waag

Waga

Baadmantel

Szlafrok kąpielowy

Gummihanschen

Rękawice gumowe

Tampon

Tampon

Damenbinn

Podpaska damska

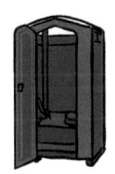

Chemieklo

Toaleta chemiczna

Kinnerstuuv

Pokój dziecięcy

Wecker
Budzik
Knudeldeert
Pluszowa przytulanka
Speeltüüchauto
Samochodzik
Klöter
Grzechotka
Poppenhuus
Domek dla lalek
Geschenk
Prezent

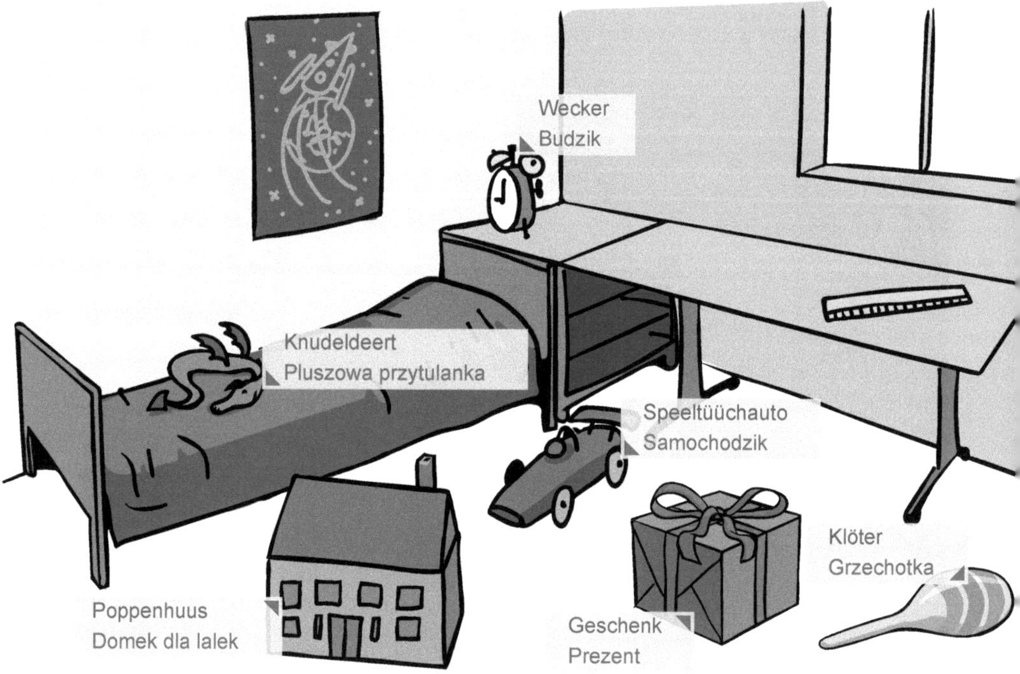

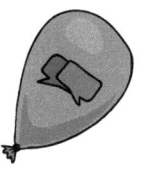

Luftballon

Balon

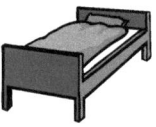

Puuch

Łóżko

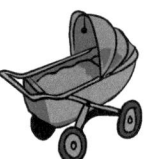

Kinnerwagen

Wózek dziecięcy

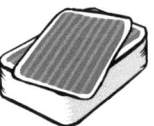

Koortenspeel

Gra w karty

Puzzle

Puzzle

SUPER
MEGA

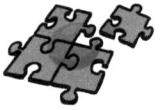

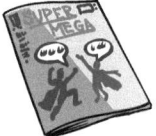

Billergeschicht

Komiks

Legostenen

Klocki lego

Bustenen

Klocki

Action-Figur

Action figura

Strampelantog

Śpioszek dziecięcy

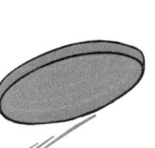

Frisbeeschiev

Frisbee

Mobile

Zabawki ruchome

Brettspeel

Gra planszowa

Wörpel

Kości

Modelliesenbahn

Kolejka elektryczna

Snuller

Smoczek

Party

Przyjęcie

Billerbook

Książka z ilustracjami

Ball

Piłka

Popp

Lalka

spelen

bawić się

Sandkassen

Piaskownica

Schuckel

Huśtawka

Speeltüüch

Zabawki

Speelkonsool

Konsola do gier

Dreerad

Rowerek trójkołowy

Teddyboor

Pluszowy miś

Klederschapp

Szafa ubraniowa

Tüüch
Ubiór

Socken

Skarpety

Strümp

Pończochy

Strumpbüx

Rajstopy

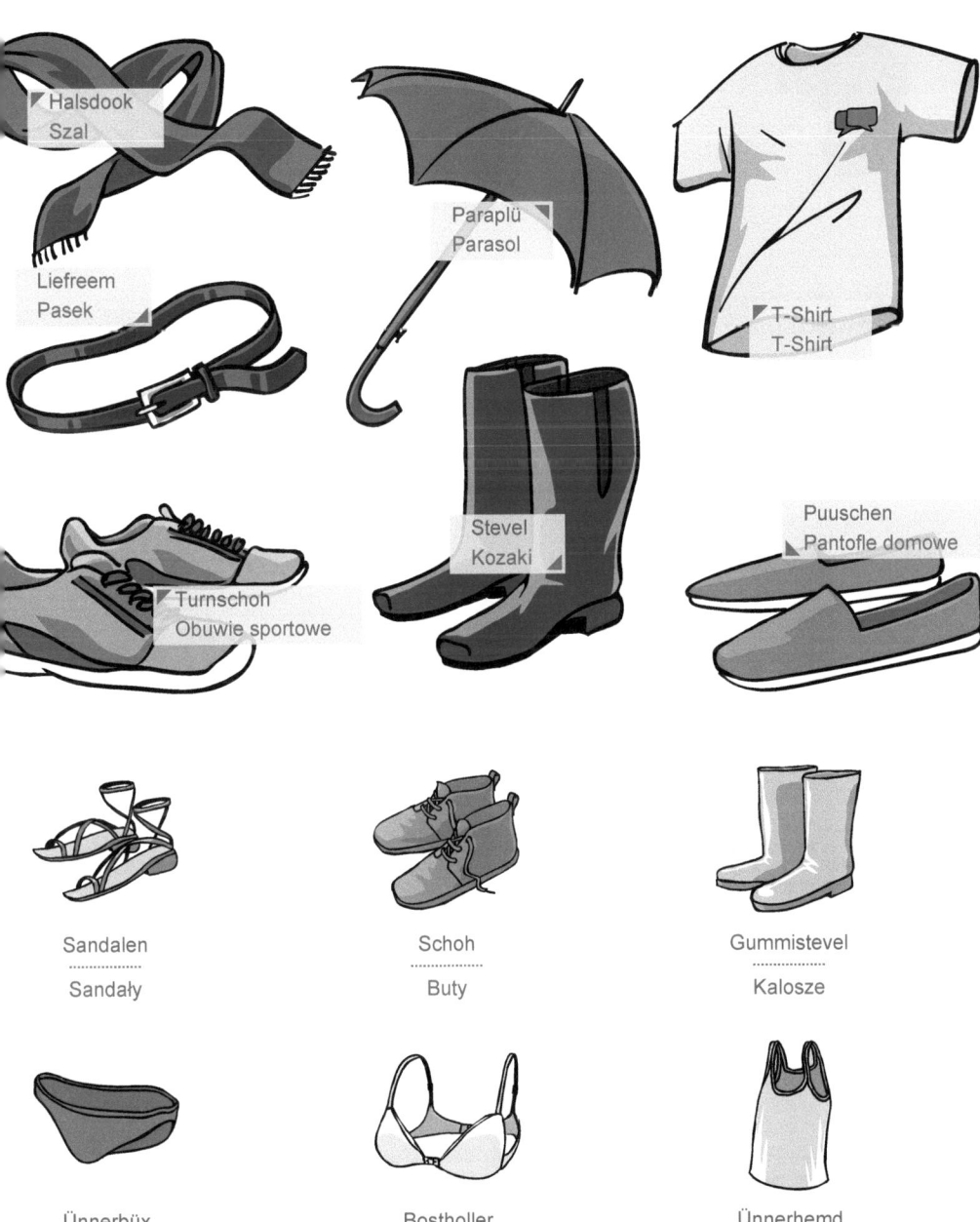

Halsdook
Szal

Liefreem
Pasek

Paraplü
Parasol

T-Shirt
T-Shirt

Turnschoh
Obuwie sportowe

Stevel
Kozaki

Puuschen
Pantofle domowe

Sandalen	Schoh	Gummistevel
Sandały	Buty	Kalosze
Ünnerbüx	Bostholler	Ünnerhemd
Majtki	Biustonosz	Podkoszulek

Lief

Body

Büx

Spodnie

Jeansnüx

Dżins

Rock

Spódnica

Bluus

Bluzka

Hemd

Koszula

Pullover

Pulower

Kapuzenpullover

Bluza sportowa

Blazer

Marynarka

Jack

Kurtka

Mantel

Płaszcz

Övertrecker

Płaszcz przeciwdeszczowy

Kostüm

Kostium

Kleed

Sukienka

Hochtietskleed

Suknia ślubna

Antog

Garnitur męski

Nachtkleed

Koszula nocna

Slaapantog

Piżama

Sari

Sari

Koppdook

Chusta na głowę

Turban

Turban

Burka

Burka

Kaftan

Kaftan

Abaya

Abaya

Baadantog

Strój kąpielowy

Baadbüx

Kąpielówki

Korte Büx

Krótkie spodnie

Antog to'n Öven

Dres sportowy

Schört

Fartuch

Handschoh

Rękawiczki

Knopp

Guzik

Brill

Okulary

Armband

Bransoletka

Halskeed

Łańcuszek

Ring

Pierścionek

Ohrbummel

Kolczyk

Mütz

Czapka

Klederbögel

Wieszak

Hoot

Kapelusz

Binner

Krawat

Rietslüter

Zamek błyskawiczny

Helm

Kask

Drachtband

Szelki

Schooluniform

Mundurek szkolny

Uniform

Mundur

Severböten
....
Śliniaczek

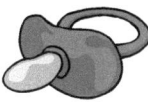

Snuller
....
Smoczek

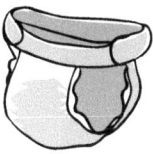

Winnel
....
Pieluszka

Büro
Biuro

Server
Serwer

Aktenschapp
Szafa na akta

Drucker
Drukarka

Papeer
Papier

Bildschirm
Monitor

Schrievdisch
Biurko

Muus
Mysz

Orner
Segregator

Knoopboord
Klawiatura

Papeerkorf
Kosz na odpadki

Computer
Komputer

Stohl
Krzesło

Koffiebeker
....
Filiżanka do kawy

Taschenreekner
....
Kalkulator

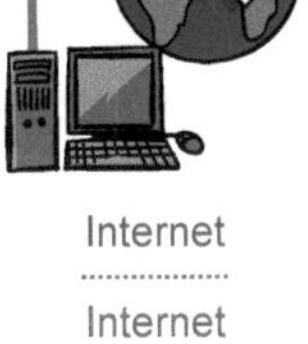

Internet
....
Internet

Klappreekner

Laptop

Breef

List

Naricht

Wiadomość

Ackersnacker

Komórka

Nettwark

Sieć

Kopeerapparat

Kopiarka

Software

Oprogramowanie

Klöönkassen

Telefon

Steekdoos

Gniazdko

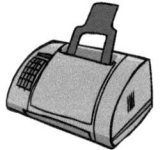

Faxapparat

Faks

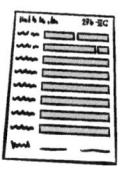

Formulor

Formularz

Dokument

Dokument

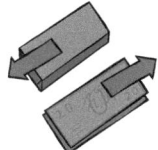

köpen

kupić

betahlen

płacić

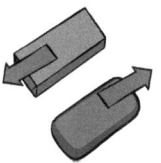

hanneln

postępować

Geld

Pieniądze

Dollar

Dolar

Euro

Euro

Yen

Jen

Ruvel

Rubel

Swiezer Franken

Frank

Renminbi Yuan

Juan Renminbi

Rupie

Rupia

Geldautomat

Bankomat

Wesselstuuv

Kantor wymiany walut

Gold

Złoto

Sülver

Srebro

Ööl

Olej

Energie

Energia

Pries

Cena

Verdrag

Umowa

Stüer

Podatek

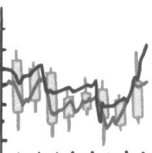

Andeelschien

Akcja

arbeiden

pracować

Anstellte

Pracownik umysłowy

Arbeitgever

Pracodawca

Fabrik

Fabryka

Hökerie

Sklep

Profeschonen
Zawody

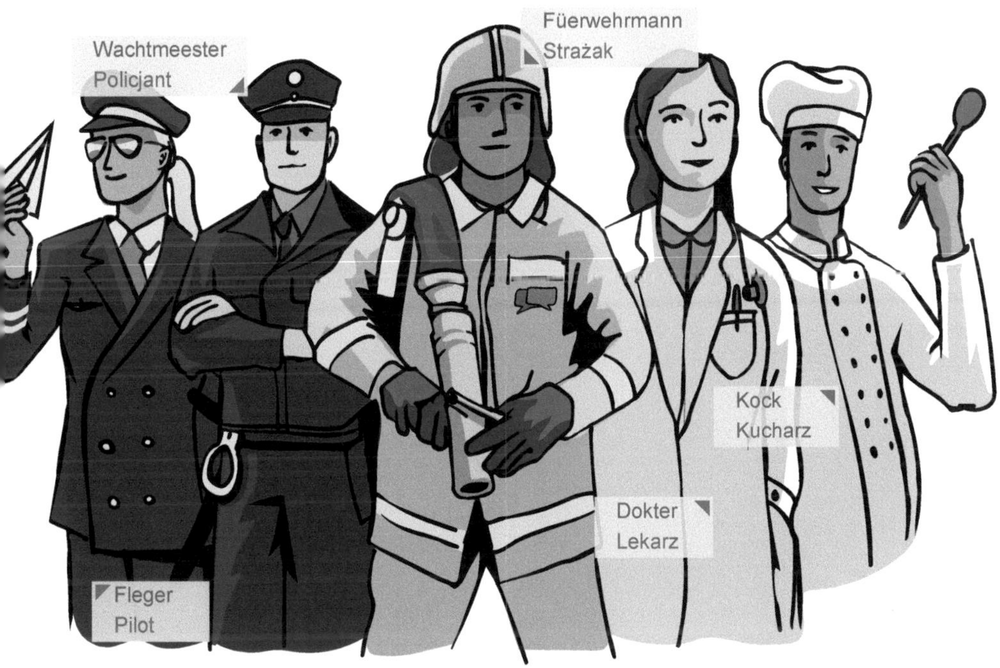
Wachtmeester
Policjant
Füerwehrmann
Strażak
Kock
Kucharz
Dokter
Lekarz
Fleger
Pilot

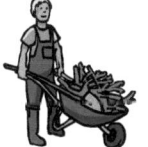

Goorner

Ogrodnik

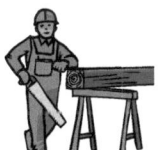

Discher

Stolarz

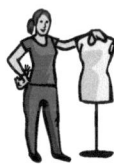

Neihersche

Krawcowa

Richter

Sędzia

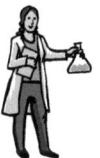

Chemiker

Chemik

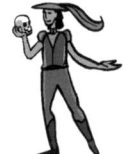

Schauspeler

Aktor

Busfohrer

Kierowca autobusu

Taxifohrer

Taksówkarz

Fischer

Fischer

Reinmaakfru

Sprzątaczka

Dackdecker

Dekarz

Kellner

Kelner

Jäger

Myśliwy

Maler

Malarz

Bäcker

Piekarz

Elektriker

Elektryk

Buarbeider

Robotnik budowlany

Ingenieur

Inżynier

Slachter

Rzeźnik

Klempner

Instalator

Postbüdel

Listonosz

Suldat
Żołnierz

Architekt
Architekt

Kasserer
Kasjer

Florist
Florysta

Putzbüdel
Fryzjer

Schaffner
Konduktor

Mechaniker
Mechanik

Kaptein
Kapitan

Tähndokter
Dentysta

Wetenschopler
Naukowiec

Rabbi
Rabin

Imam
Imam

Mönk
Mnich

Paap
Proboszcz

Warktüüch

Narzędzia

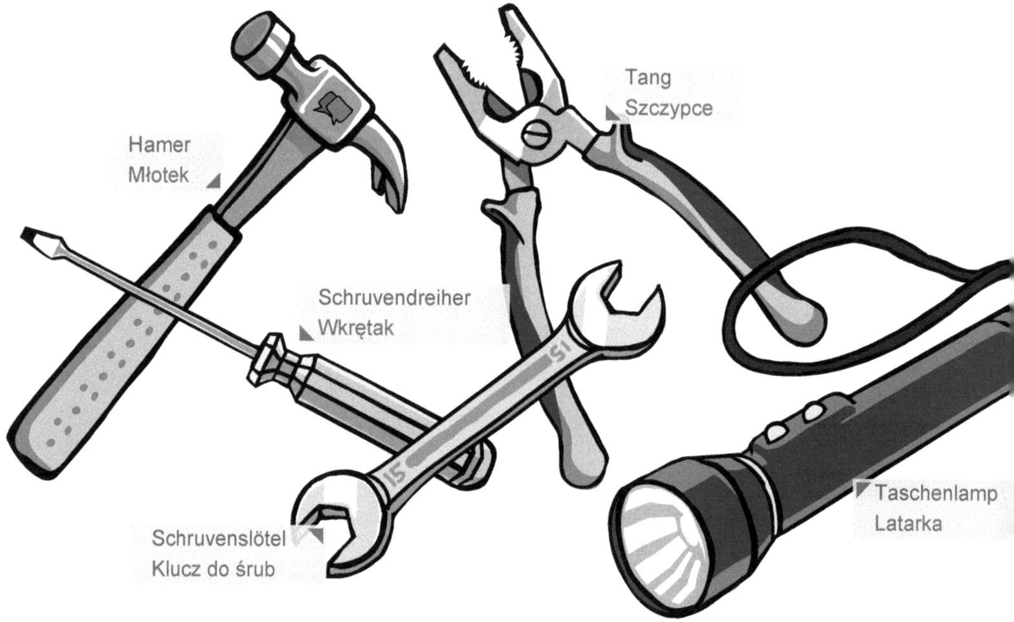
Tang
Szczypce
Hamer
Młotek
Schruvendreiher
Wkrętak
Taschenlamp
Latarka
Schruvenslötel
Klucz do śrub

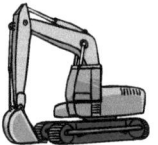

Grieper

Koparka

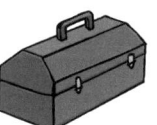

Warktüüchkassen

Skrzynka narzędziowa

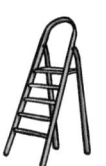

Ledder

Drabina

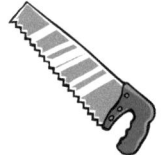

Saag

Piła

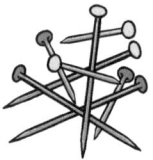

Nagels

Gwoździe

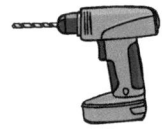

Bohrer

Wiertło

heelmaken
....
naprawić

Schüffel
....
Łopatka

Schiet!
....
Cholera!

Kehrblick
....
Szufelka

Farvpott
....
Puszka z farbą

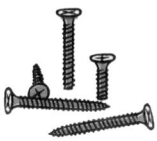

Schruven
....
Śruby

Musikinstrumenten
Instrumenty muzyczne

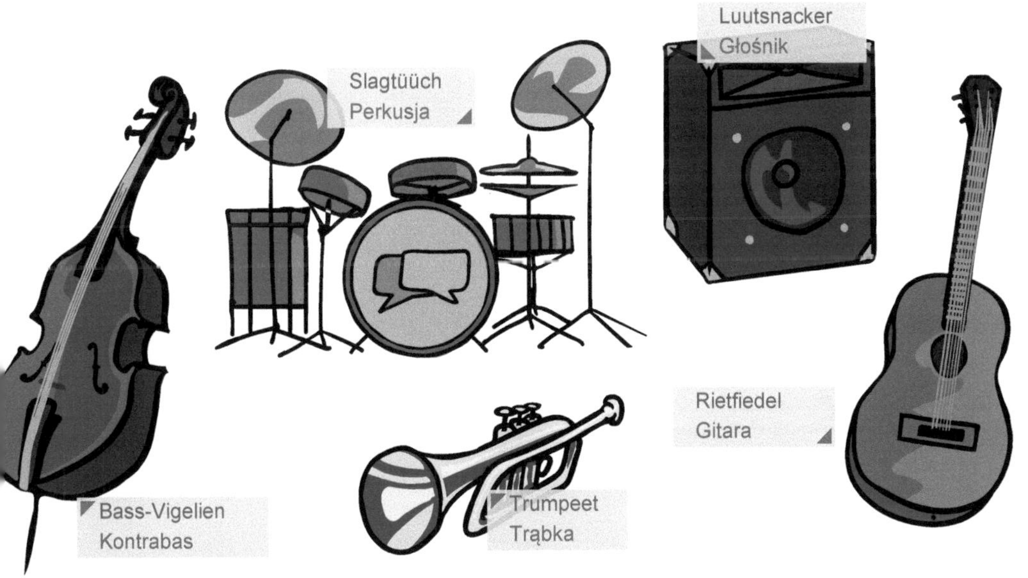

Luutsnacker
Głośnik

Slagtüüch
Perkusja

Bass-Vigelien
Kontrabas

Trumpeet
Trąbka

Rietfiedel
Gitara

Klaveer

Pianino

Vigelien

Skrzypce

Bass

Bas

Pauk

Kotły

Trummeln

Bęben

Keyboard

Keyboard

Saxophon

Saksofon

Fleut

Flet

Mikrofoon

Mikrofon

Deertenpark
Zoo

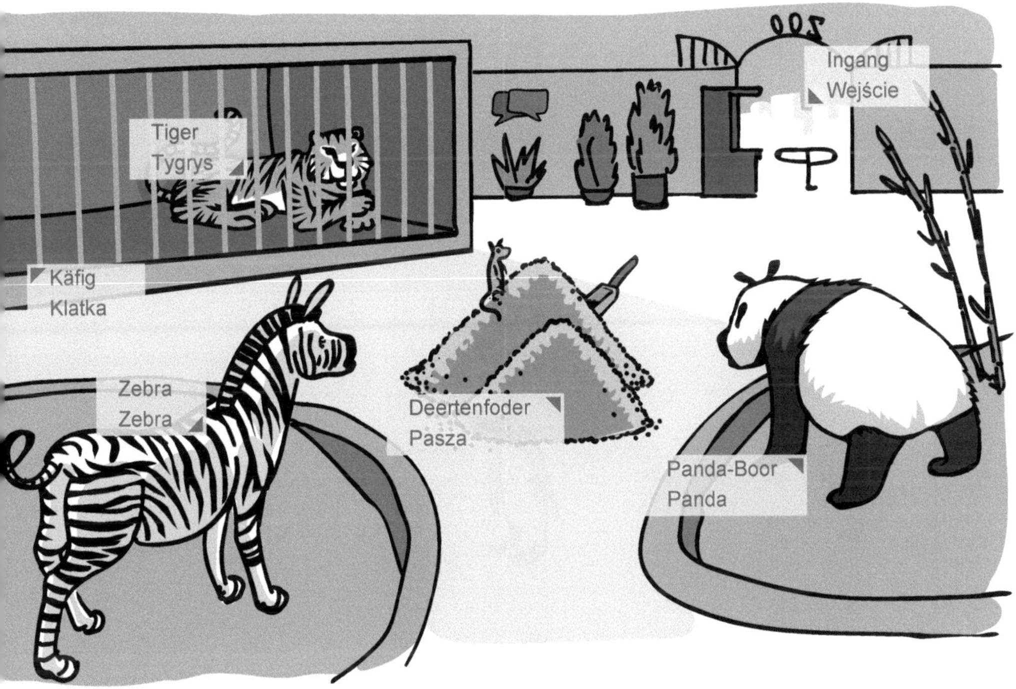
Ingang
Wejście
Tiger
Tygrys
Käfig
Klatka
Zebra
Zebra
Deertenfoder
Pasza
Panda-Boor
Panda

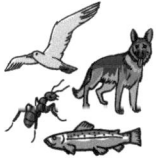

Deerten

Zwierzęta

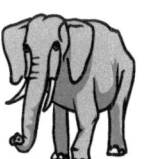

Elefant

Słoń

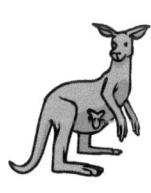

Känguru

Kangur

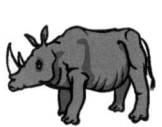

Neeshoorn

Nosorożec

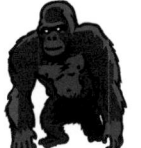

Gorilla

Goryl

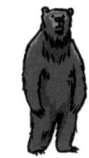

Boor

Niedźwiedź

Kameel
Wielbłąd

Struuß
Struś

Lööv
Lew

Aap
Małpa

Flamingo
Fleming

Papagoi
Papuga

Iesboor
Niedźwiedź polarny

Pinguin
Pingwin

Haifisch
Rekin

Pageluun
Paw

Slang
Wąż

Krokodil
Krokodyl

Oppasser in'n Deertenpark
Dozorca w zoo

Saalhund
Foka

Jaguor
Jaguar

Pony

Kucyk

Leopard

Gepard

Nilpeerd

Hipopotam

Giraff

Żyrafa

Aadler

Orzeł

Wildswien

Dzik

Fisch

Ryba

Schildkrööt

Żółw

Walross

Mors

Voss

Lis

Gazell

Gazela

Sport

Amerikaansch Football
Futbol amerykański

Radfohren
Kolarstwo

Tennis
Tenis

Korfball
Koszykówka

Swümmen
Pływanie

Boxen
Boks

Ieshockey
Hokej na lodzie

Football
Piłka nożna

Fedderball
Badminton

Leichtathletik
Lekka atletyka

Handball
Piłka ręczna

Skilopen
Narciarstwo

Polo
Polo

Aktivitäten
Działania

springen
skakać
ümarmen
objąć
lachen
śmiać się
gahn
iść
singen
śpiewać
drömen
marzyć
beden
modlić się
snuteln
całować

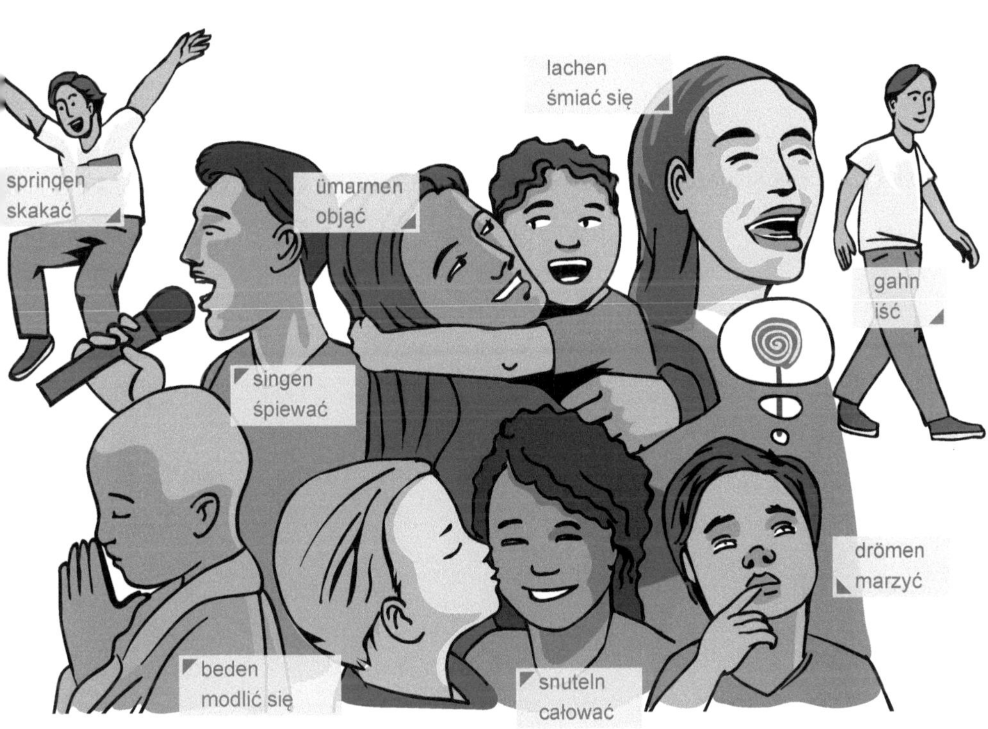

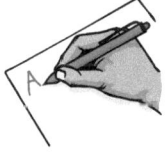

schrieven

pisać

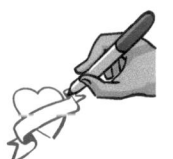

teken

rysować

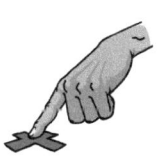

wiesen

pokazywać

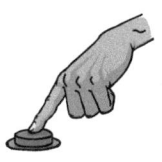

drücken

nacisnąć

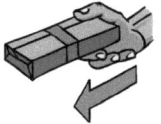

geven

dać

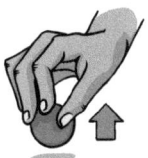

nehmen

wziąć

hebben
....
mieć

doon
....
robić

sien
....
być

stahn
....
stać

lopen
....
biegać

trecken
....
ciągnąć

smieten
....
rzucać

fallen
....
spaść

liggen
....
leżeć

töven
....
czekać

dregen
....
nosić

sitten
....
siedzieć

antrecken
....
zakładać

slapen
....
spać

opwaken
....
budzić się

ankieken

spojrzeć

wenen

płakać

eien

głaskać

kämmen

czesać się

snacken

mówić

verstahn

rozumieć

fragen

pytać

hören

słyszeć

drinken

pić

eten

jeść

oprümen

sprzątać

leefhebben

kochać

kaken

gotować

fohren

jechać

flegen

latać

segeln
żeglować

reken
liczyć

lesen
czytać

lehren
uczyć się

arbeiden
pracować

de Plünnen tohoopsmieten
wejść w związek małżeński

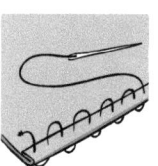

neihen
szyć

Tähnen putzen
myć zęby

dootmaken
zabić

smöken
palić tytoń

schicken
wysłać

Grootmoder
Babcia

Grootvadder
Dziadek

Vadder
Ojciec

Moder
Matka

Winnelkind
Niemowlę

Dochter
Córka

Söhn
Syn

Gast

Gość

Tant

Ciotka

Unkel

Wujek

Broder

Brat

Süster

Siostra

Lief

Ciało

Vörkopp
Czoło
Oog
Oko
Schuller
Ramię
Finger
Palec
Gesicht
Twarz
Kinn
Broda
Hand
Ręka
Bost
Pierś
Been
Noga
Arm
Ramię

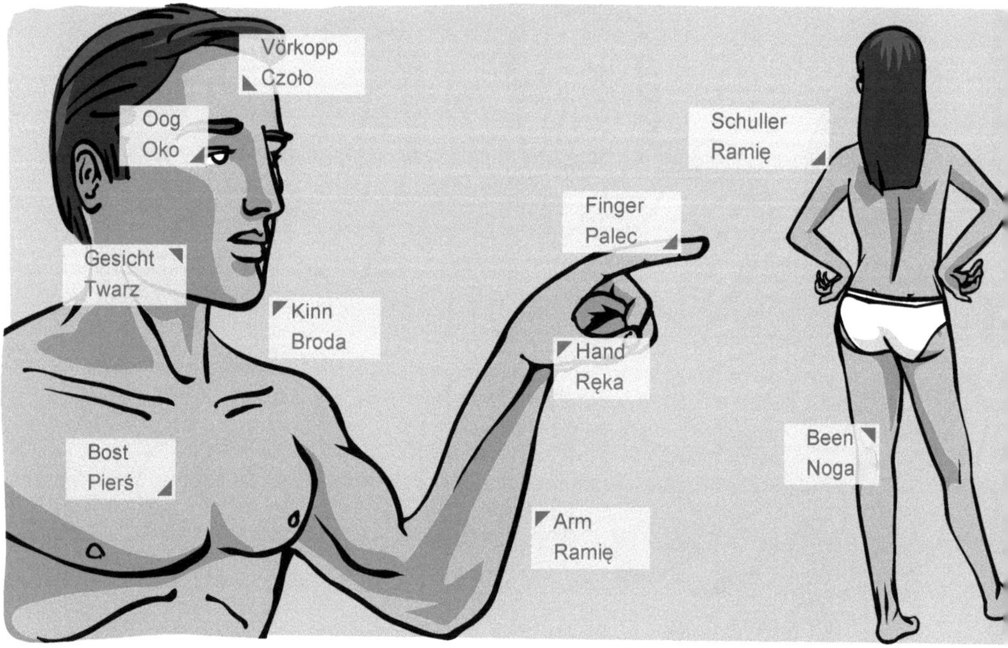

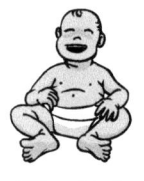

Winnelkind

Niemowlę

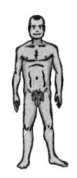

Mann

Mężczyzna

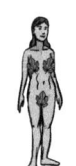

Fro

Kobieta

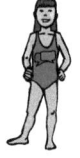

Deern

Dziewczyna

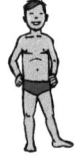

Jung

Chłopiec

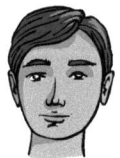

Arm

Głowa

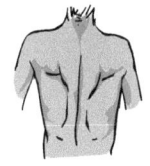

Rüch
....
Plecy

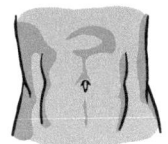

Buuk
....
Brzuch

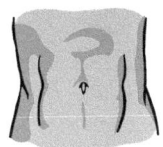

Navel

Pępek

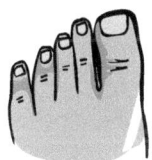

Teh
....
palec nogi

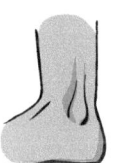

Hack
....
Pięta

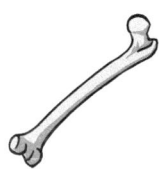

Knaken
....
Kość

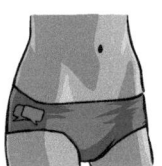

Hüft
....
Biodro

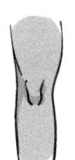

Knee
....
Kolano

Ellbagen
....
Łokieć

Nees
....
Nos

Achtersen
....
Pośladki

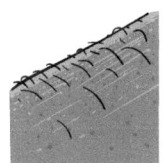

Huut
....
Skóra

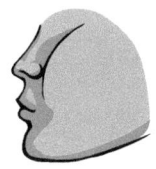

Back
....
Policzek

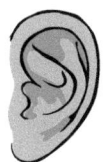

Ohr
....
Uszy

Lipp
....
Warga

Mund
Usta

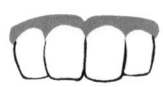

Tähn
Ząb

Tung
Język

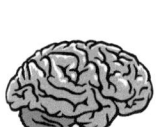

Bregen
Mózg

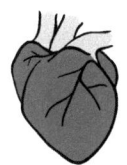

Hart
Serce

Muskel
Mięsień

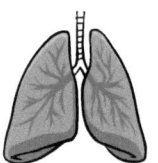

Lung
Płuca

Lever
Wątroba

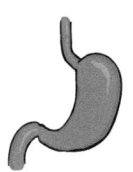

Maag
Żołądek

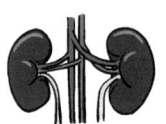

Neren
Nerki

Bislaap
Stosunek płciowy

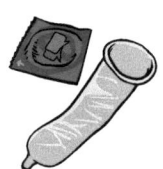

Kondoom
Kondom

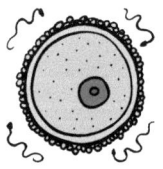

Eizell
Komórka jajowa

Sperma
Sperma

Anner Ümstänn
Ciąża

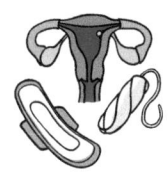

Menstruatschoon

Menstruacja

Scheed

Wagina

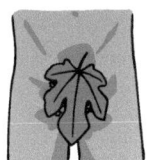

Pint

Penis

Ogenbroe

Brew

Hoor

Włosy

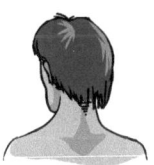

Hals

Szyja

Krankenhuus
Szpital

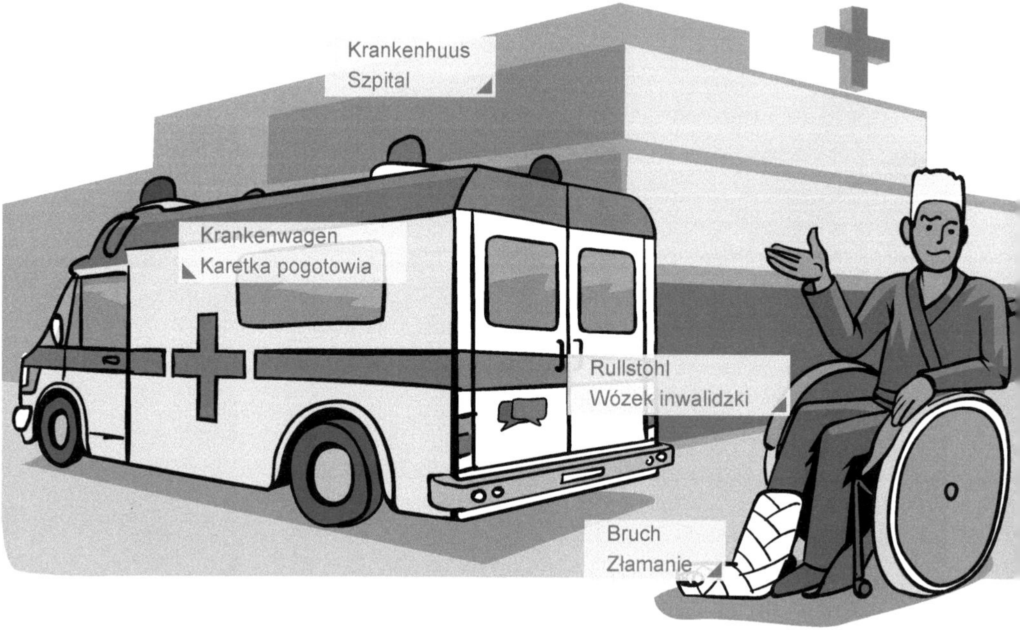

Krankenhuus
Szpital
Krankenwagen
Karetka pogotowia
Rullstohl
Wózek inwalidzki
Bruch
Złamanie

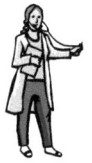

Dokter
Lekarz

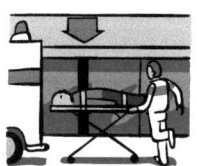

Nootopnahm
Izba przyjęć

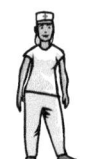

Krankensüster
Pielęgniarka

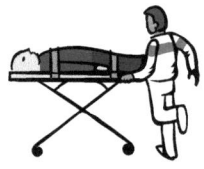

Nootfall
Nagły przypadek

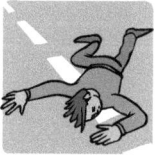

ahnmächtig
nieprzytomny

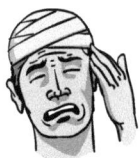

Wehdaag
Ból

Verwunnen

Skaleczenie

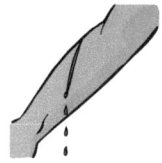

Blöden

Krwawienie

Hartinfarkt

Zawał serca

Slaganfall

Udar mózgu

Allergie

Alergia

Hoosten

Kaszleć

Fever

Gorączka

Gripp

Grypa

Dörchfall

Biegunka

Koppwehdaag

Ból głowy

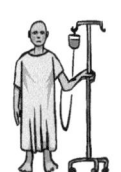

Kreeft

Rak

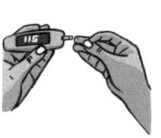

Zuckersüük

Cukrzyca

Chirurg

Chirurg

Chirurgsch Mess

Skalpel

Operatschoon

Operacja

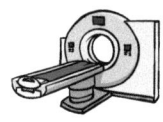

CT

CT

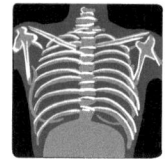

Dörchlüchten

Rentgen

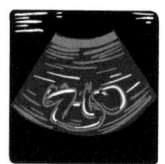

Ultraschall

Ultradźwięki

Mask

Maska

Krankheit

Choroba

Töövruum

Poczekalnia

Krück

Kula

Plaaster

Plaster

Verband

Opatrunek

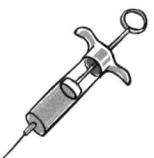

Insprütten

Iniekcja

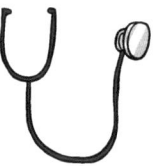

Stethoskop

Stetoskop

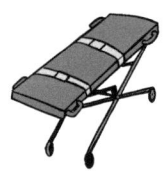

Draag

Nosze

Feverthermometer

Termometr

Geboort

Poród

Övergewicht

Nadwaga

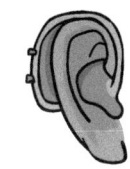

Höörapparat

Aparat słuchowy

Kiemfriemiddel

Środek dezynfekcyjny

Ansteken

Infekcja

Virus

Wirus

HIV / AIDS

HIV / AIDS

Heelmiddel

Medycyna

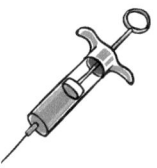

Impen

Szczepienie

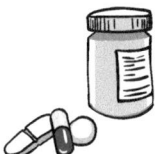

Tabletten

Tabletki

Pill

Pigułka

Nootroop

Telefon ratunkowy

Blootdruck-Meter

Ciśnieniomierz krwi

krank / gesund

chory / zdrowy

Hölp!

Pomocy!

Alarm

Alarm

Överfall

Napad

Angreep

Atak

Gefohr

Niebezpieczeństwo

Nootutgang

Wyjście awaryjne

Füer!

Pożar!

Füerlöscher

Gaśnica

Unfall

Wypadek

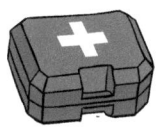

Noothölpkoffer

Walizeczka pierwszej
pomocy

SOS

SOS

Polizei

Policja

Europa

Europa

Noordamerika

Ameryka Północna

Süüdamerika

Ameryka Południowa

Afrika

Afryka

Asien

Azja

Australien

Australia

Atlantik

Atlantyk

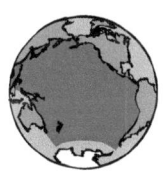

Pazifik

Pacyfik

Indisch Weltmeer

Ocean Indyjski

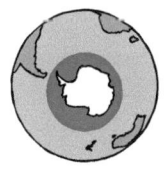

Antarktisch Weltmeer

Ocean Antarktyczny

Arktisch Weltmeer

Ocean Arktyczny

Noordpol

Biegun północny

Süüdpol

Biegun południowy

Antarktis

Antarktyda

Eerd

Ziemia

Land

Kraj

See

Morze

Eiland

Wyspa

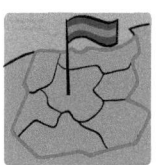

Natschoon

Naród

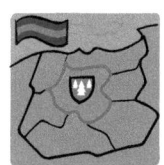

Staat

Państwo

Tallenblatt
Cyferblat

Stunnenwieser
Wskazówka godzinowa

Minutenwieser
Wskazówka minutowa

Sekunnenwieser
Wskazówka sekundowa

Wo laat is dat?
Która godzina?

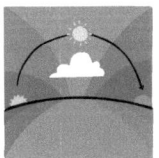

Dag
Dzień

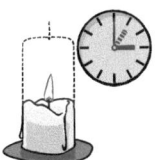

Tiet
Czas

nu
teraz

digetaalsch Klock
Zegarek digitalny

Minuut
Minuta

Stunn
Godzina

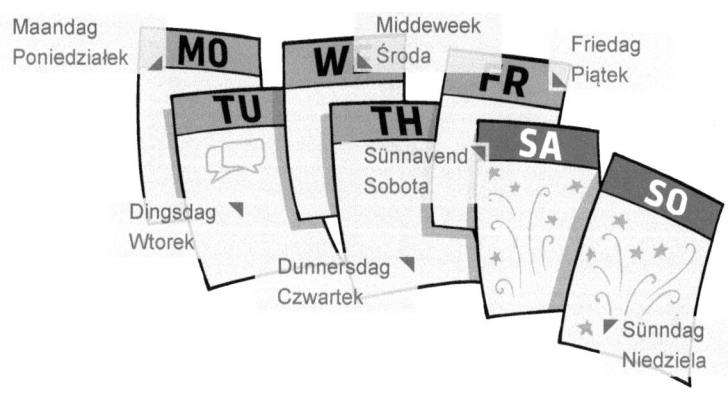

güstern
....
wczoraj

hüüt
....
dzisiaj

morgen
....
jutro

Morgen
....
Rano

Meddag
....
Południe

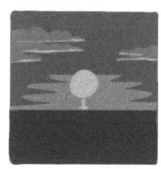

Avend
....
Wieczór

Arbeitsdaag
....
Dni robocze

Wekenenn
....
Weekend

Regen
Deszcz

Regenbagen
Tęcza

Wind
Wiatr

Snee
Śnieg

Fröhjohr
Wiosna

Harvst
Jesień

Sommer
Lato

Winter
Zima

4.APRIL	11°
5.APRIL	4°
6.APRIL	13°
7.APRIL	8°
8.APRIL	10°

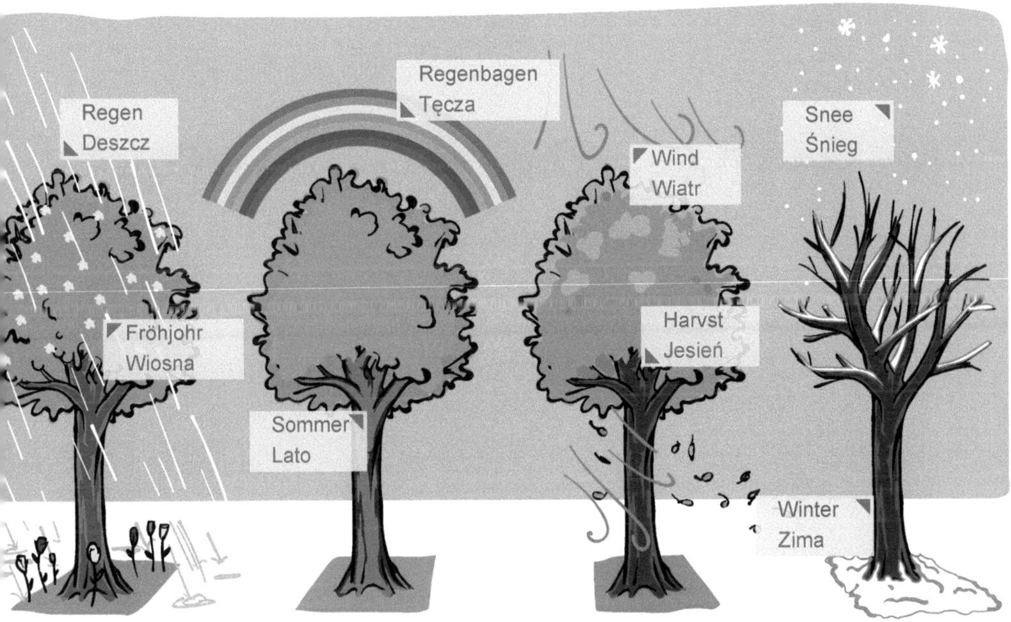

Wedervörhersaag

Prognoza pogody

Thermometer

Termometr

Sünnenschien

Światło słoneczne

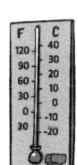

Wulk

Chmura

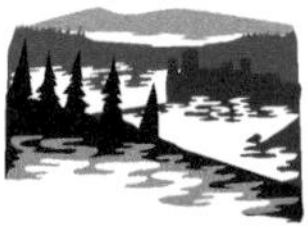

Nevel

Mgła

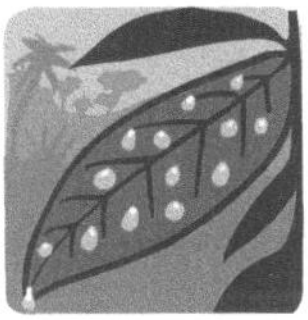

Luftfuchtigkeit

Wilgotność powietrza

Blitz

Błyskawica

Dunner

Grzmot

Storm

Sztorm

Hagel

Grad

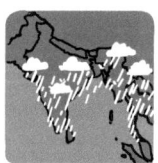

Monsun

Monsun

Floot

Potop

Ies

Lód

Januormaand

Styczeń

Februormaand

Luty

Martmaand

Marzec

Aprilmaand

Kwiecień

Maimaand

Maj

Junimaand

Czerwiec

Julimaand

Lipiec

Augustmaand

Sierpień

Septembermaand
....
Wrzesień

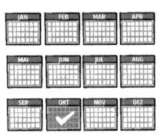

Oktobermaand
....
Październik

Novembermaand
....
Listopad

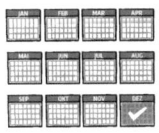

Dezembermaand
....
Grudzień

Formen
Kształty

Krink
....
Koło

Quadrat
....
Kwadrat

Rechteck
....
Prostokąt

Dreeeck
....
Trójkąt

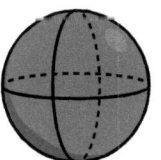

Kugel
....
Kula

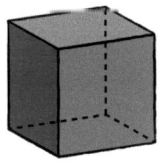

Wörpel
....
Sześcian

Farven
Kolory

witt
biały

geel
żółty

orangsch
pomarańczowy

pink
różowy

root
czerwony

lila
liliowy

blau
niebieski

gröön
zielony

bruun
brązowy

gries
szary

swart
czarny

veel / wenig

dużo / mało

böös / verdreeglich

wściekły / spokojny

smuck / mies

piękny / brzydki

Begünn / Enn

początek / koniec

groot / lütt

duży / mały

hell / düüster

jasny / ciemny

Broder / Süster

brat / siostra

schier / schietig

czysty / brudny

kumpleet / nich kumpleet

kompletny / niekompletny

Dag / Nacht

dzień / noc

doot / lebennig

umarły / żywy

breet / small

szeroki / wąski

geneetbor / nich geneetbor

jadalny / niejadalny

böös / fründlich

zły / uprzejmy

fickerig / langwielt

podniecony / znudzony

dick / dünn

gruby / chudy

toeerst / toletzt

najpierw / na końcu

Fründ / Fiend

przyjaciel / wróg

vull / leddig

pełen / pusty

hart / week

twardy / miękki

swoor / licht

ciężki / lekki

Smacht / Döst

głód / pragnienie

krank / gesund

chory / zdrowy

nich na't Recht / na't Recht

nielegalny / legalny

klook / dummerhaftig

inteligentny / głupi

linkerhand / rechterhand

lewo / prawo

neeg / feern

bliski / daleki

nieg / bruukt

nowy / używany

nix / wat

nic / coś

oolt / jung

stary / młody

an / ut

włącz / wyłącz

apen / slaten

otwarty / zamknięty

lies / luut

cichy / głośny

riek / arm

bogaty / biedny

richtig / verkehrt

prawidłowy / błędny

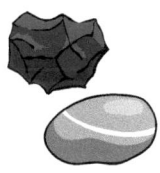

ruug / glatt

chropowaty / gładki

trurig / glücklich

smutny / szczęśliwy

kort / lang

krótki / długi

suutje / flink

powolny / szybki

natt / dröög

mokry/suchy

warm / köhl

ciepły / chłodny

Krieg / Freden

wojna / pokój

0	**1**	**2**
null	een	twee
zero	jeden	dwa
3	**4**	**5**
dree	veer	fief
trzy	cztery	pięć
6	**7**	**8**
söss	söven	acht
sześć	siedem	osiem
9	**10**	**11**
negen	teihn	ölven
dziewięć	dziesięć	jedenaście

12	**13**	**14**
twölf	dörteihn	veerteihn
dwanaście	trzynaście	czternaście

15	**16**	**17**
föffteihn	sössteihn	söventeihn
piętnaście	szesnaście	siedemnaście

18	**19**	**20**
achtteihn	negenteihn	twintig
osiemnaście	dziewiętnaście	dwadzieścia

100	**1.000**	**1.000.000**
hunnert	dusend	million
sto	tysiąc	milion

Engelsch

Angielski

Amerikaansch Engelsch

Angielski amerykański

Chineesch Mandarin

Chiński mandaryński

Hindi

Hindi

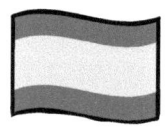

Spaansch

Hiszpański

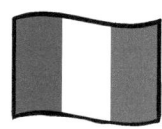

Franzöösch

Francuski

Araabsch

Arabski

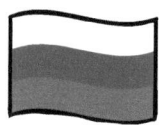

Rusch

Rosyjski

Portugiesch

Portugalski

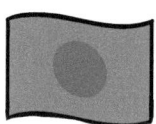

Bengaalsch

Bengalski

Düütsch

Niemiecki

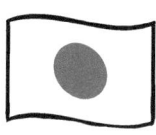

Japaansch

Japoński

ik

ja

du

ty

he / se / dat

on / ona / ono

wi

my

ji

wy

se

oni

keen?

kto?

wat?

co?

woans?

jak?

woneem?

gdzie?

wannehr?

kiedy?

Naam

Nazwisko

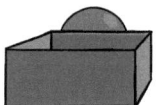

achter

za

in

w

vör

przed

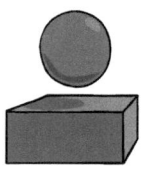

över

powyżej

op

na

ünner

pod

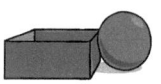

blangen

obok

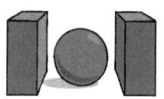

twüschen

między

Oort

Miejsce